Faculté de Droit de Paris.

THÈSE

POUR LA LICENCE.

L'acte public sur les matières ci–après sera soutenu,
le mardi 8 août 1854, à une heure,

Par Louis-Émile-Privat GIRARD, né à Nîmes (Gard).

Président : M. COLMET-DAAGE, Professeur.

Suffragants :
MM. BLONDEAU,	
OUDOT,	Professeurs.
BONNIER,	
FERRY,	Suppléant.

*Le Candidat répondra en outre aux questions qui lui seront faites
sur les autres matières de l'enseignement.*

PARIS,

VINCHON, FILS ET SUCCESSEUR DE Mme Ve BALLARD,
Imprimeur de la Faculté de Droit,
RUE J.-J. ROUSSEAU, 8.

1854.

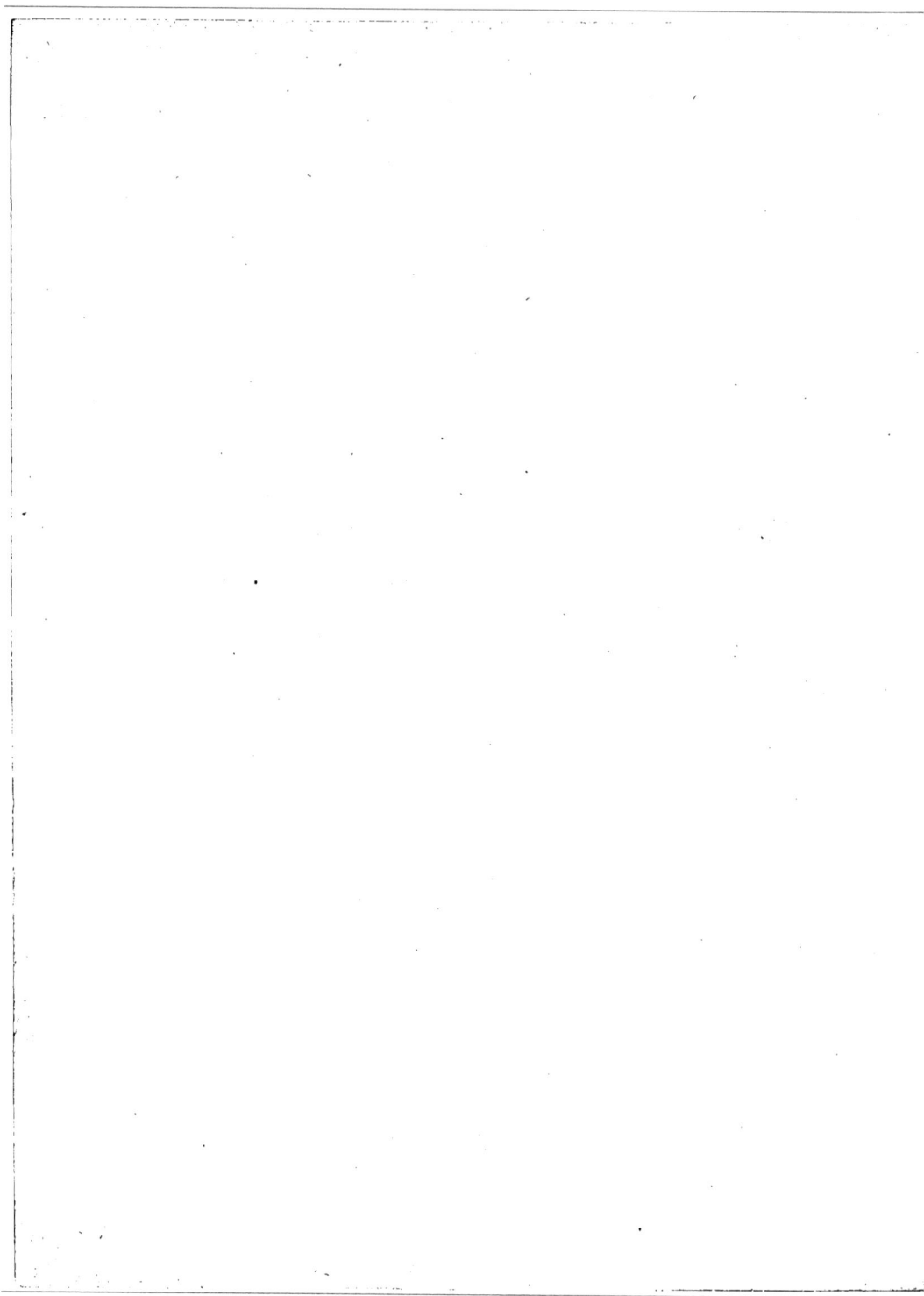

JUS ROMANUM.

QUANDO DIES LEGATORUM VEL FIDEICOMMISSORUM CEDAT.

(Dig., lib. xxxvi, tit. 2.)

QUANDO DIES USUSFRUCTUS LEGATI CEDAT.

(Dig., lib. vii, tit. 3.)

Cedere diem significat incipere deberi pecuniam.

Dies cedens multos habet effectus :

1° Si legetur cui alieni juris est, legatum debetur illi, cujus juris fuit legatarius cum dies cessit.

2° Res legata determinatur ex eo statu, quo fuit tempore cessionis diei.

3° Quum dies cedit, jus legatarii transmitti potest ad heredem.

Nunc videamus quando dies legati cedat.

1° — *Legatum pure relictum.*

Lex Papia-Poppæa voluerat dies legati pure relicti ex apertis tabulis cedere ; sed Justinianus restituit antiquum jus.

In legatis pure relictis, admittitur diem cedere ex morte testatoris. Ex hoc momento, legatarius securus est ; nam moriens, transmittit jus suum ad heredes suos. Aditio moram facit non cessioni diei, sed tantum petitioni legati.

Idem dicendum est de legatis, quæ in diem relicta sunt, si vero dies certus sit. Dies autem certus esse dicitur quum de illo dici potest quando debeat venire.

2° — *Legatum sub conditione relictum.*

In legatis sub conditione relictis, non prius dies cedit, quam conditio sit impleta. Legatarius, moriens antequam conditio sit impleta, nihil transmittit de legato ad heredem suum.

Idem dicendum est de die incerto. Dies autem incertus esse dicitur, cum de illo dici potest ut venire debeat sed non quando. Dies incertus in legato conditionem facit, quia cedere debet antequam legatarius decedat. Quum dicitur : cum morietur, heres dato, hic est dies incertus, cum incertum sit, si heres morietur legatario adhuc vivo.

Si tamen conditio sit impossibilis, legatum purum est ; nam conditio impossibilis pro non scripta habetur. Idem dicendum est, si ea conditio sit, quam prætor remittit. Tum statim cedit dies.

Conditio tacite adjici potest legato. Sed hæc conditio semper contineri debetur in voluntate testatoris, expressa in testamento. Nam si extrinsecus suspendatur legatum, non ex ipsa voluntate testatoris, non conditionale, sed in diem legatum est. Dies statim cedit.

Quomodo intelligenda est voluntas expressa a testatore ? Sic, debitori quod sub conditione debet legatum est ; præsens legatum est ; dies cedit ex morte testatoris.

Quando impletur conditio a testatore expressa ? Testator dixit : Do lego centum Titio, sive illud factum fuerit, sive non. Conditio non impletur, nec igitur dies cedit, nisi alter casus vivo legatario existerit, quoniam causa ex qua debeatur semper precedere debet.

Aliquando quoque conditio pro impleta habetur, et dies legati cedit statim; sic, quum per legatarium non stat quominus illa impleatur.

3° — *Legatum ususfructus.*

Quum pure legatur ususfructus, dies non cedit nisi adita hereditate; nam ususfructus ad heredem non transit.

Idem dicendum est de usufructu in diem legato. Sed si ususfructus legetur post diem, dies legati non cedit nisi post hunc diem.

Si ususfructus legetur sub conditione, dies cedit post conditionem.

Si ususfructus legetur in annos, plura sunt legata; dies cedit per singulos annos.

Ante aditam hereditatem, legatarius non habet usumfructum et ne quidem actionem de usufructu. Unde fit ut legatarius agens ante diem cedentem nihil facit, quamvis alias qui ante diem agit male agit.

Si legetur ususfructus vel decem, dies non cedit ante aditam hereditatem.

4° — *Legatum in annos.*

Cum in annos singulos legatur, plura sunt legata; primum purum, cujus dies cedit post mortem testatoris; alia sub conditione, quorum dies cedit in principio anni.

Si vero evidens sit voluntas testatoris, in annuas pensiones ideo dividentis, quoniam non legatario consultum, sed heredi prospectum voluit ne urgeretur ad solutionem, unum legatum est, quod purum est.

5° — *Legatum alternativum.*

Legatum alternativum est, quo duæ pluresve certæ species relinquuntur, ea lege ut, una vindicata vel præstita, extinguatur legatum in altera.

Hoc legatum unum est ; igitur cum legatum est Stichum vel quod ex Pamphyla natum erit, non ante dies cedet quam aliquid ex Pamphyla natum fuerit.

Hoc legatum si in una re interierit, manet efficax in altera, et dies cedet ut si illa sola fuisset legata.

6° — *Legatum servo relictum.*

Si legetur servo, eodem testamento manumisso, dies non cedit ante aditam hereditatem. Nam libertas, quum personæ cohæreat, non prius competit quam adita hereditate. Unde fit ut si legati dies cederet ante aditam hereditatem, id est ante libertatem acquisitam, inutile fieret legatum.

Si legetur servo legato, dies hujus legati quod servo datur, cedit tempore aditæ hereditatis. Unde fit ut, etsi paterfamilias statim defunctus sit, non in ejusdem personam et emolumentum legati et obligatio juris concurrant ; igitur legatum servo manumisso debetur.

7° — *Legatum generis.*

Legatum generis est illud quo res alicujus generis, nulla certa determinata specie, relinquitur.

Dies hujus legati cedit ex morte testatoris vel ex conditione.

8° — *Legatum optionis.*

Legatum optionis est ubi testator ex servis suis vel aliis rebus optare legatarium jussit.

In antiquo jure, hoc legatum habebat in se conditionem, si optaverit legatarius. Igitur legatarius decedens antequam ipse optavisset, ad heredem legatum non transmittebat. Sed Justinianus hoc mutavit, et dedit licentiam et heredi legatarii optandi, licet vivus legatarius hoc non fecerit.

POSITIONES.

I. Quando dies legati cedat quum, duobus heredibus institutis, alicui legetur ab omnibus heredibus, si alter ex his adeat hereditatem? — Distinctio inter legatarios.

II. Quando dies legati cedat si legetur : si volet legatarius?— Quum voluerit legatarius.

III. Quando dies legati cedat si penum heres dare damnatus sit et si non dedisset centum?— Distinctio inter legata.

IV. Quando dies legati cedat si ususfructus legetur servo legato? — Post aditionem hereditatis ex qua servus legatus est.

V. Quando dies legati cedat si legetur ususfructus vel decem?— Post aditionem hereditatis.

DROIT FRANÇAIS.

DES SUBSTITUTIONS.
DES SUBSTITUTIONS EN GÉNÉRAL.

(C. Nap., art. 896, 897, 898.)

§ 1.

Le droit romain admettait trois sortes de substitutions ; c'étaient :

1° La substitution vulgaire, par laquelle un testateur subrogeait quelqu'un à son héritier pour le cas où celui-ci ne pourrait pas ou ne voudrait pas être héritier. Nous retrouverons la substitution vulgaire maintenue par l'art. 898 du C. Nap. ;

2° La substitution pupillaire, par laquelle un testateur, après avoir fait son propre testament, faisait celui du fils placé sous sa puissance, pour le cas où ce fils mourrait impubère ;

3° La substitution exemplaire, par laquelle un testateur, après avoir fait son testament, faisait celui d'un de ses descendants infirme, pour le cas où celui-ci mourrait incapable de faire un testament.

Les substitutions pupillaires et exemplaires ne furent pas admises dans le droit coutumier, et comme elles n'ont pas été rétablies par le Code Napoléon, nous n'aurons plus à nous en occuper.

Le droit romain admettait encore le fidéicommis ou disposition par laquelle une personne qui voulait laisser ses biens à un tiers incapable de les recevoir d'elle directement, chargeait son héritier de les remettre à ce tiers. L'exécution des fidéicommis fut d'abord confiée à la foi de l'héritier; mais ces dispositions étant devenues très-usuelles, les empereurs les rendirent obligatoires. On permit à l'héritier de conserver le bien et de ne le rendre qu'à sa mort. Le fidéicommis était simple lorsque le testateur n'établissait qu'un seul degré de restitution ; il était graduel lorsque le testateur établissait un plus grand nombre de restitutions, nombre qu'on admettait pouvoir être infini.

Ces fidéicommis passèrent dans le droit coutumier sous le nom de substitutions fidéicommissaires. L'ordonnance de 1560 limita à deux degrés de transmission, non compris l'institution, la stipulation de substitution ; ce qui fut maintenu par l'ordonnance de 1747, par laquelle on chercha à améliorer la législation relative aux substitutions.

La loi du 14 novembre 1792 prohiba et les substitutions fidéicommissaires à venir et les substitutions fidéicommissaires non encore ouvertes.

§ II.

Quel est l'état actuel de la législation relativement aux substitutions fidéicommissaires ?

D'après l'art. 896 du Code Napoléon, ces substitutions sont prohibées.

Ce principe une fois posé, nous devons examiner quels sont les motifs de cette prohibition ; quels sont, par conséquent, les caractères des substitutions prohibées, caractères qui nous permettront de distinguer ces substitutions d'autres dispositions permises par la loi.

1° On trouve dans les substitutions fidéicommissaires une double transmission d'un même objet. Le disposant donne ou lègue un objet à une personne ou grevé, pour qu'elle le conserve et le rende à une autre personne ou appelé. La propriété passe donc du disposant au grevé et du grevé à l'appelé. Il n'y a pas là une transmission conjointe ; ce n'est pas non plus la disposition par laquelle un tiers serait appelé à recueillir l'objet de la disposition à défaut du grevé, puisqu'ici l'une des transmissions n'a lieu qu'autant que l'autre n'a pas lieu. Cette dernière disposition est la substitution vulgaire du droit romain ; elle est permise par l'art. 898.

2° On trouve dans les substitutions fidéicommissaires une première transmission qui a une durée, *tractus temporis*. Le grevé est, en effet, chargé de conserver pendant un certain temps ; s'il devait rendre immédiatement, il ne serait qu'un exécuteur testamentaire.

3° On trouve dans les substitutions fidéicommissaires une interversion dans l'ordre des successions, *ordo successivus*. Le grevé doit, en effet, conserver jusqu'à sa mort et rendre à cette époque à l'appelé l'objet de la substitution. Sans doute la loi ne dit pas formellement que la restitution doit avoir lieu à la mort du grevé ; mais il faut admettre que telle a été l'intention du législateur, sans quoi on devrait regarder comme prohibés les legs conditionnels qui sont cependant autorisés par l'art. 1040.

La restitution du bien, qui est l'objet de la substitution, ayant donc lieu à la mort du grevé, ce bien, par la volonté du disposant, sort du patrimoine du grevé, et au lieu d'être transmis aux héritiers de ce grevé, suivant l'ordre légal, est transmis à l'appelé et à ces héritiers. Le disposant crée ainsi pour ce bien un ordre successif autre que celui qui a été établi par la loi.

4° Les substitutions fidéicommissaires rendent la propriété incertaine. Car la restitution du bien, objet de la substitution, doit être faite à l'appelé lors du décès du grevé, et il n'est pas certain que l'appelé soit à cette époque capable de recueillir, et que par conséquent la transmission puisse avoir lieu.

On peut encore reprocher aux substitutions fidéicommissaires d'entraîner l'inaliénabilité des biens compris dans la substitution, d'être une source de procès, de permettre au grevé d'acquérir un crédit qu'il ne mérite pas en réalité.

Tels sont les caractères des substitutions prohibées; ils devront entraîner la nullité de toute disposition dans laquelle on les rencontrera. Le législateur a même établi ici une exception à la règle générale de l'art. 900, d'après laquelle la condition contraire aux lois est réputée non écrite. La charge de restituer étant dans la substitution une condition contraire à la loi, il semblerait, d'après l'art. 900, que la donation ou le legs dont elle est la condition, devrait rester valable. Mais le législateur, pour assurer l'observation de la règle qu'il a posée dans le premier alinéa de l'art. 896, a voulu que cette donation ou ce legs fût nul lui-même.

Le législateur a cependant admis plusieurs exceptions à ce principe de la prohibition des substitutions fidéicommissaires.

1° Une première exception est établie dans l'art. 897. Le législateur, comme nous le verrons plus loin en traitant spécialement ce sujet, a permis à un père ou à une mère de laisser tout ou partie de ses biens à un ou plusieurs de ses enfants, à charge pour ceux-ci de les rendre à tous leurs enfants nés ou à naître au premier degré seulement. Le législateur a également permis à un frère ou à une sœur, mourant sans enfants, de laisser ses biens à un ou plusieurs de ses frères ou sœurs, à charge pour eux de les rendre à tous leurs enfants nés ou à naître au premier degré seulement.

Il est facile de retrouver dans ces deux sortes de dispositions les caractères que nous avons indiqués comme propres aux substitutions prohibées ; le législateur les a cependant admises comme valables ; il y a donc ici exception au principe de la prohibition des substitutions.

Les limites, entre lesquelles les rédacteurs du Code Napoléon avaient voulu restreindre l'exception que nous venons d'indiquer, avaient été beaucoup étendues par une loi du 17 mai 1826. Cette loi permettait, en effet : 1° que le grevé fût une personne quelconque, et non pas seulement un enfant ou un frère, ou une sœur du disposant, comme le veulent les art. 1048, 1049 ; 2° que la charge de restituer fût établie au profit de plusieurs ou même d'un seul des enfants du grevé, et non pas au profit de tous les enfants du grevé, comme le veut l'art. 1050 ; 3° que la charge de restituer fût établie au profit d'un ou plusieurs enfants du donataire, jusqu'au deuxième degré inclusivement, et non pas seulement jusqu'au premier degré, comme le veulent les art. 1048, 1049.

Mais cette loi du 1ᵉʳ mai 1826 a été abrogée pour l'avenir par l'art. 8 de la loi du 7 mai 1849. Quant aux substitutions établies au moment de la promulgation de cette dernière loi, elles ont été maintenues au profit de tous les appelés nés ou conçus à ce moment, avec cette condition qu'elles profiteraient, conformément à l'art. 1050, à tous les appelés du même degré ou à leurs représentants, quelle que fût l'époque ou leur existence aurait commencé.

2° Une seconde exception au principe de la prohibition des substitutions fidéicommissaires avait été établie dans un troisième alinéa, qui fut ajouté en 1807 à l'art. 896, et qui était relatif à l'institution des majorats.

Le majorat était une propriété immobilière, dont les revenus étaient, par lettres du prince, affectés au soutien d'un titre noble, transmissible à perpétuité de mâle en mâle, par ordre de primogéniture.

Cette transmissibilité donnait au majorat les caractères des substitutions fidéicommissaires. Les biens qui composaient ce majorat étaient inaliénables et imprescriptibles.

On distinguait deux sortes de majorats :

1° Les majorats de propre mouvement, formés avec des biens donnés par le prince et pris sur le domaine extraordinaire, domaine confondu sous la Restauration avec le domaine de l'État ;

2° Les majorats sur demande, qu'un chef de famille formait, avec l'autorisation du chef de l'État, des biens dont il avait la libre disposition, biens qui devaient être libres de toutes charges et hypothèques. Ces biens pouvaient être des rentes sur l'État ou des actions de la banque immobilisées.

Le majorat était transmissible de mâle en mâle par ordre de primogéniture, dans la descendance légitime, naturelle ou adoptive de l'instituant.

La portion d'un majorat, composée de rentes sur l'Etat ou d'actions de la banque immobilisées, était soumise, au profit du titulaire et des appelés après lui, à une retenue annuelle d'un dixième placé en rentes sur l'Etat ou en actions de la banque immobilisées.

Les mutations par décès des biens composant un majorat étaient frappées d'un droit de transmission d'usufruit en ligne directe. Le successeur, qui réclamait un majorat, devait en outre payer un cinquième des revenus pendant une année.

Les contestations relatives aux majorats étaient jugées par les tribunaux ordinaires, sauf celles qui étaient relatives à l'interprétation des clauses constitutives du majorat et qui étaient de la compétence du conseil d'Etat.

Cette législation fut profondément modifiée par la loi du 12 mai 1835. L'art. 1er de cette loi portait en effet que toute institution de majorats était prohibée pour l'avenir, ce qui s'appliquait aux majorats de propre mouvement comme aux majorats sur demande. Quant aux majorats existants au moment de sa promulgation, la loi de 1835 laissait subsister les majorats de propre mouvement, les biens qui les composaient devant tôt ou tard revenir à l'Etat, et décidait que les majorats sur demande déjà établis ne pourraient s'étendre au-delà de deux degrés, l'institution non comprise. La loi de 1835 permettait au fondateur d'un majorat de le révoquer ou de modifier ses conditions, à moins qu'il existât un appelé ayant contracté, antérieurement à sa promulgation, un mariage non dissous ou dont il fût resté des enfants.

La loi du 7 mai 1849, laissant subsister la disposition de la loi du 12 mai 1835, relative aux majorats de propre mouvement, a consacré l'abrogation complète des majorats sur demande. L'art. 1ᵉʳ de cette loi, expliquant l'art. 2 de la loi du 12 mai 1835, porte que les majorats, qui ont été transmis à deux degrés à partir du premier titulaire, sont abolis. Quant aux majorats, qui n'ont pas encore été transmis à deux degrés, la loi de 1849, respectant les droits acquis, porte que la transmission n'aura lieu qu'en faveur des appelés déjà nés ou conçus, lors de sa promulgation. S'il n'existe pas d'appelés à cette époque, ou si ceux qui existent meurent avant l'ouverture de leur droit, les biens des majorats deviendront immédiatement libres entre les mains du possesseur. La loi de 1849 supprime en outre la retenue du dixième, devenue désormais inutile, puisque les majorats doivent s'éteindre dans un temps assez limité, et elle soumet la mutation par décès d'un majorat sur demande à un droit de transmission de propriété en ligne directe, en supprimant la taxe du cinquième des revenus, qui était irrégulièrement payée.

DES DISPOSITIONS PERMISES.

(C. Nap., art. 1048-1074).

Nous devons maintenant nous occuper des dispositions permises en faveur des petits-enfants du disposant ou en faveur des enfants de ses frères ou sœurs.

En permettant ces dispositions, le législateur a voulu donner à un père ou à un oncle le moyen de protéger ses petits-enfants ou ses neveux contre la dissipation de son fils ou de son frère.

1° *Quelles sont les conditions pour que ces dispositions soient permises?*

La disposition doit être faite par les père et mère du grevé ou par ses frères ou sœurs. Dans le cas où elle est faite par un frère ou par une sœur du grevé, le disposant doit mourir sans enfants.

La disposition ne peut avoir pour objet que tout ou partie des biens formant la quotité disponible du disposant.

La disposition doit être faite par acte entre-vifs ou testamentaires, en observant les formes relatives à chacun de ces actes. Ici cependant c'est le grevé seul qui doit être nécessairement conçu à l'époque où la donation est faite ou au moment du décès du testateur. Il n'est pas nécessaire que les appelés soient conçus à cette époque. En général, la charge de restituer sera établie dans l'acte même de donation des biens à restituer. Mais la loi permet au disposant, qui a fait une donation entre-vifs sans charge de restitution, de convenir, en faisant par actes entre-vifs ou testamentaires une nouvelle libéralité au précédent donataire, que les biens précédemment donnés demeureront grevés de cette charge, et le grevé, qui a accepté cette nouvelle libéralité, ne peut plus diviser les deux dispositions faites à son profit, et renoncer à la seconde pour s'en tenir à la première, quand même il offrirait de rendre les biens compris dans la seconde disposition.

La disposition ne peut être faite qu'en faveur d'un ou plusieurs des enfants, ou d'un ou plusieurs des frères ou sœurs du disposant.

La disposition doit être faite avec charge de rendre aux enfants nés ou à naître des grevés. La restitution doit être faite à la mort du grevé. Il n'est pas nécessaire que les appelés soient conçus au moment où la donation est faite ou à l'époque du décès du testateur, puisque le législateur permet d'établir la charge de restitution au profit des enfants à naître.

La charge de restitution doit être établie au profit de tous les enfants du grevé, sans distinction d'âge ni de sexe Le motif pour lequel le législateur a permis les dispositions dont nous nous occupons, excluait en effet toute idée de préférence entre les enfants du grevé.

La charge de restitution ne peut être établie qu'au profit des enfants au premier degré du grevé. Si tous les enfants au premier degré sont morts, on ne peut pas admettre la représentation comme possible en faveur des petits-enfants du grevé. Mais si le grevé laisse des fils et des enfants de fils prédécédés, ces derniers pourront, à l'aide de la représentation, recueillir les parts de leurs pères prédécédés. La représentation à degrés inégaux devait en effet être admise ici, pour que la restitution eût lieu au profit de tous les enfants du grevé.

Telles sont les diverses conditions sous lesquelles sont permises les dispositions en faveur des petits-enfants du donateur ou testateur, ou des enfants de ses frères ou sœurs. Si ces conditions ne sont pas remplies, la disposition sera nulle même à l'égard du donataire ou du légataire.

2° *Quels sont les droits résultant pour le grevé de la substitution?*

Le grevé est propriétaire sous condition résolutoire. Il ne peut donc transférer sur les biens compris dans la substitution que des droits affectés de la même condition. Le législateur a cependant admis une exception à cette règle en faveur de la femme du grevé, qui aura un recours sur les biens compris dans la substitution. Elle n'aura, il est vrai, ce recours qu'en cas d'insuffisance des biens libres, pour le capital des deniers dotaux seulement, et sous la condition que le disposant l'aura expressément ordonné.

Le grevé, lors même qu'il aura dû rendre les biens compris dans la substitution, aura eu la jouissance de ces biens. Il est donc tenu de toutes les obligations de l'usufruitier. Cependant il ne doit pas les grosses réparations qui seront supportées par la substitution.

3° *Quand finissent les droits du grevé? Quand s'ouvrent les droits des appelés?*

L'événement qu'on peut le plus naturellement indiquer comme devant mettre fin aux droits du grevé, est la mort du grevé.

Le droit du grevé peut finir avant sa mort par l'abandon anticipé de la propriété des biens compris dans la substitution. Cet abandon est fait aux appelés actuellement existants, sous la condition qu'ils restitueront aux appelés qui naîtront plus tard, la part à laquelle ceux-ci ont droit. Cet abandon ne devra pas préjudicier aux créanciers du grevé antérieurs à l'abandon.

La révocation pour ingratitude de la part du grevé fera également finir le droit du grevé.

Le droit du grevé étant éteint, celui de l'appelé commence ; la propriété des biens compris dans la substitution passe à l'appelé, comme si elle lui était directement transmise par le défunt. L'appelé la reçoit libre de tout droit consenti par le grevé, sauf l'exception consacrée par l'art. 1054. Cependant si l'appelé accepte purement et simplement la succession du grevé, il devra, comme héritier, la garantie des droits consentis par son auteur.

L'appelé doit, dans tous les cas, respecter les actes d'administration faits par le grevé.

4° *Comment finit la substitution.*

La substitution finit lorsqu'à la mort du grevé l'appelé est incapable de recueillir les biens compris dans la substitution. Ces biens restent alors libres entre les mains du grevé.

La substitution finit par le refus de l'appelé de recueillir les biens compris dans la substitution.

La substitution finit par l'extinction des degrés.

La substitution finit par la perte complète des biens compris dans la substitution.

La substitution finit par la révocation pour cause de survenance d'enfants du disposant, ce qui n'est possible que dans le cas prévu par l'art. 1049.

La substitution finit par l'inexécution des charges de la part du grevé et des appelés.

L'ingratitude de l'appelé ne serait cause d'extinction que pour la charge de rendre, et laisserait la donation ou le legs fait au grevé entièrement valable.

5° *Quelles sont les formalités prescrites par la loi pour assurer l'exécution des dispositions permises?*

1° La première formalité prescrite par la loi pour assurer l'exécution des substitutions permises consiste dans la nomination d'un tuteur. Si cette nomination n'a pas été faite par le disposant, dans l'acte de disposition ou dans un acte authentique postérieur, elle sera faite à la diligence du grevé ou de son tuteur, s'il est mineur, dans le délai d'un mois, à compter du jour du décès du disposant ou du jour que depuis cette mort l'acte contenant la disposition aura été connu.

Le grevé, qui n'aura pas fait faire cette nomination, sera nécessairement déchu du bénéfice de la disposition. Le droit des appelés, s'ils sont conçus, sera déclaré ouvert. S'ils ne sont pas conçus, leur droit ne pourra pas être déclaré ouvert ; les biens compris dans la substitution reviendront aux héritiers du disposant, qui les conserveront, à charge de les rendre aux appelés à naître.

Ce tuteur est chargé de veiller à l'exécution de la substitution. Il doit faire tous les actes conservatoires.

Ce tuteur est personnellement responsable ; ses biens ne sont pas frappés d'hypothèque légale.

2° Après le décès du disposant, il doit être procédé à l'inventaire de tous les biens et effets compris dans la succession, à moins que la disposition ait été faite par legs particulier ou par donation entre-vifs, renfermant cet inventaire.

Cet inventaire sera fait dans les trois mois du décès du disposant, à la requête du grevé de restitution et en présence du tuteur à l'exécution.

3° Les meubles compris dans la substitution étant sujets à dépérissement, le législateur veut qu'ils soient vendus par affiches et enchères, à moins que le disposant les ait donnés sous la condition expresse de les conserver en nature, auquel cas ils seront conservés et vendus dans l'état où ils seront lors de la restitution. Quant aux meubles que la loi déclare immeubles par destination, on devra les conserver et les rendre en égale valeur lors de la restitution.

Les deniers provenant de la vente des meubles doivent, ainsi que les deniers comptants et ceux qui proviennent d'effets actifs, être employés en immeubles ou avec privilége sur des immeubles, si le disposant n'a pas indiqué un autre mode d'emploi.

Cet emploi sera fait par le grevé en présence du tuteur à l'exécution, dans les six mois de la clôture de l'inventaire. Les deniers provenant des effets actifs qui seront recouvrés et des remboursements de rentes devront être employés dans les trois mois après le payement.

6° Quelles sont les formalités prescrites par la loi pour assurer la publicité des substitutions ?

La loi a prescrit certaines formalités, destinées à annoncer aux tiers que les biens compris dans la substitution sont grevés de substitution.

Quant aux immeubles, la substitution est rendue publique par la transcription des actes de disposition sur les registres du bureau des hypothèques du lieu de la situation, à moins que l'acte de disposition soit un acte de donation entre-vifs, contenant la charge de rendre, auquel cas la transcription de l'acte de donation suffirait.

Les autres biens compris dans la substitution ont dû être transformés en deniers, employés à acquérir des immeubles ou des priviléges sur des immeubles. La disposition sera rendue publique, quant aux immeubles ainsi acquis, par la transcription de l'acte de vente, avec la mention qui y sera faite de la cause de l'achat ; et quant aux priviléges, par l'inscription, qui sera prise, avec la mention du fait que la créance principale doit passer aux appelés.

Ces diverses formalités doivent être remplies à la diligence, soit du grevé soit du tuteur à l'exécution.

Si ces formalités n'ont pas été remplies, le défaut de publicité ne pourra être opposé que par les tiers acquéreurs à titre onéreux et par les créanciers, qui ont obtenu leurs droits du donateur ou du grevé. Les tiers acquéreurs à titre gratuit ne pourront pas opposer le défaut de publicité aux appelés ; mais ils pourront l'opposer au grevé, et obtenir ainsi les biens compris dans la substitution, sous la charge de les rendre aux appelés à l'époque de la substitution.

Il pourra donc arriver que les appelés, même mineurs ou interdits, soient déchus de leurs droits, lorsque les créanciers ou les tiers acquéreurs à titre onéreux opposeront valablement le défaut de publicité. Les appelés, ainsi déchus, auront un recours contre le grevé et contre le tuteur à l'exécution ; mais, lors même que le grevé et le tuteur à l'exécution seraient insolvables, les appelés ne pourront pas être restitués contre le défaut de publicité. Car cette publicité est exigée dans un intérêt général, qui doit être préféré à l'intérêt particulier des appelés.

La transcription est le seul moyen que la loi admette comme pouvant faire connaître aux tiers l'existence de la substitution. La loi n'a pas voulu permettre de prouver, autrement que par la transcription, que les tiers ont connu la substitution. La preuve de cette connaissance chez les tiers aurait été une source de procès.

Le grevé mineur ne pourra pas, dans le cas même d'insolvabilité de son tuteur, être restitué contre l'inexécution des règles qui sont prescrites par la loi.

QUESTIONS.

I. L'usufruit peut-il être l'objet d'une substitution fidéicommissaire ? — Non.

II. Lorsque la charge de rendre porte atteinte à la réserve du grevé, celui-ci peut-il renoncer à l'action en réduction ? — A distinguer.

III. La disposition avec charge de rendre ce qui restera, constitue-t-elle une substitution prohibée? — Non.

IV. La stipulation du droit de retour en faveur d'un autre que le donateur, constitue-t-elle une substitution prohibée? — Oui.

V. L'abus de jouissance de la part du grevé ne donne pas lieu à l'ouverture du droit des appelés.

Vu par le président de la thèse,
COLMET-DAAGE.

Vu par le Doyen,
C.-A. PELLAT.

www.ingramcontent.com/pod-product-compliance
Lightning Source LLC
Chambersburg PA
CBHW032300210326
41520CB00048B/5773